1
EDUCAÇÃO INFANTIL

EM JOGOS

MITANGA PALAVRA DE ORIGEM TUPI QUE SIGNIFICA "CRIANÇA" OU "CRIANÇA PEQUENA".

Editora do Brasil

SUMÁRIO

COM QUE ROUPA EU VOU?	4
COLOCANDO A CASA EM ORDEM	5
COLOCANDO A CASA EM ORDEM DE NOVO	6
IRMÃOS GÊMEOS	7
QUAL É O PEDAÇO?	8
FÁBRICA DE BRINQUEDOS	9
JOANINHA, QUANTAS PINTINHAS!	10
QUEM VEM DEPOIS?	11
JOGO DA CONSTRUÇÃO	12
MONTA-MONTA	13
CACHINHOS DOURADOS	14
DANDO CAMBALHOTA	15
ONDE ESTOU?	16
LABIRINTO DE QUEIJOS	17
ENCARTES	19

COM QUE ROUPA EU VOU?

▼ Você gosta de batatas?
▼ E de batatas divertidas?

Essas batatas são especiais! Olhe com atenção a vestimenta de cada uma delas.

Recorte as peças da página 19 e coloque-as em um saquinho não transparente. Depois, sorteie uma delas e encontre rapidamente no tabuleiro a batata sorteada. Quando encontrá-la, marque-a com uma tampinha de garrafa PET.

COLOCANDO A CASA EM ORDEM

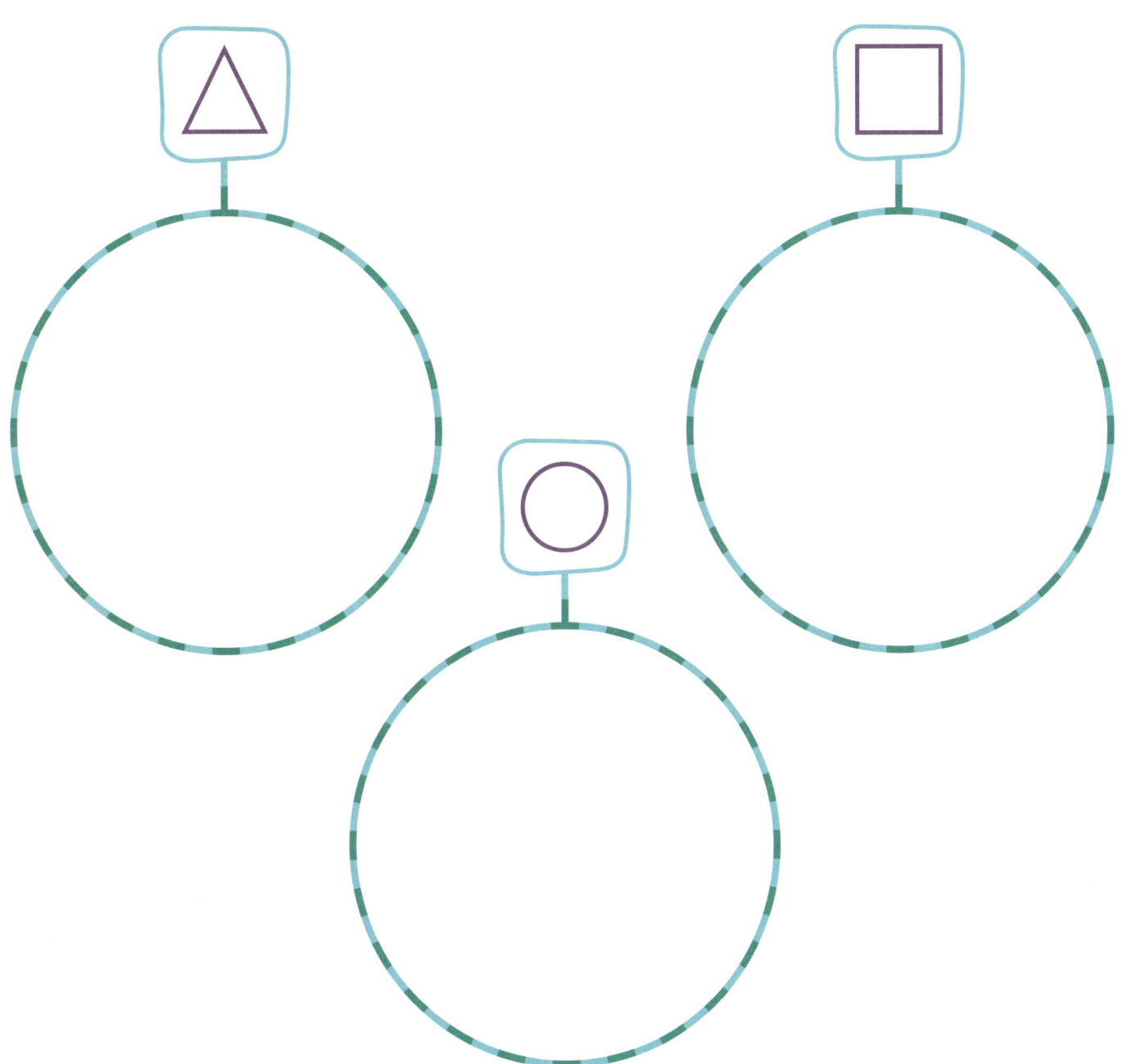

▼ Vamos colocar a casa em ordem?

Observe com atenção a placa que está junto de cada casa circular. Depois, encontre os moradores de cada uma delas e coloque-os dentro de casa.

Cada casa deve conter somente os moradores que atendem à solicitação da placa indicativa.

Para isso, recorte o ***Kit* figuras geométricas planas** da página 21 e utilize-o nesta atividade.

COLOCANDO A CASA EM ORDEM DE NOVO

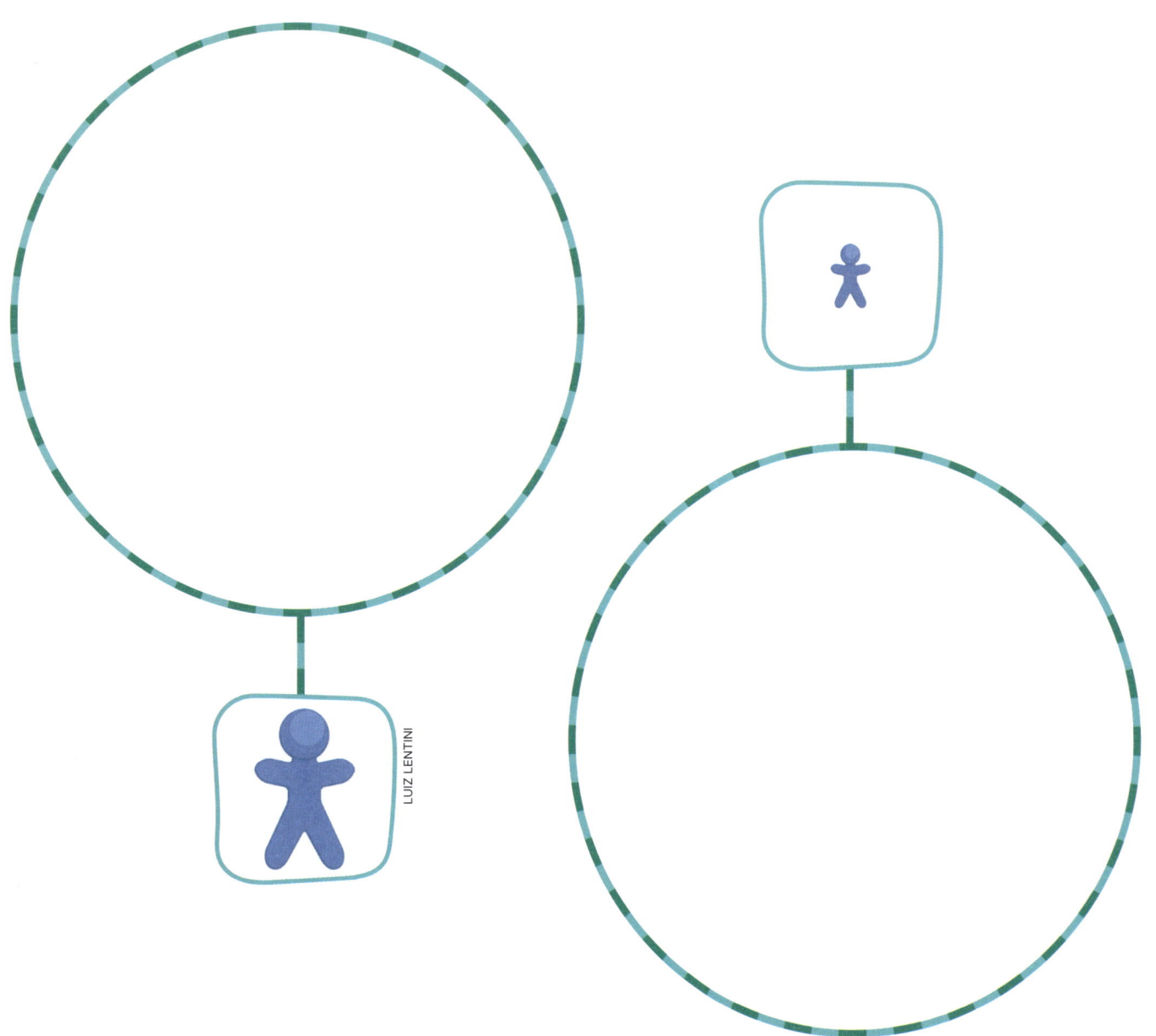

LUIZ LENTINI

▼ Vamos fazer uma nova arrumação na casa?

Observe com atenção a placa junto de cada casa circular. Depois, encontre os moradores de cada uma delas e coloque-os dentro de casa.

Cada casa deve conter somente os moradores que atendem à solicitação da placa indicativa.

Para isso, utilize seu **Kit figuras geométricas planas**.

IRMÃOS GÊMEOS

▼ Você já viu irmãos gêmeos? Como eles são? Será que eles sempre são idênticos?

Olhe com atenção as figuras nos dois tabuleiros e repare que os objetos são os mesmos, mas estão coloridos de forma diferente.

Ah! Mas existe um par idêntico! Encontre-o o mais rápido que puder e o circule!

QUAL É O PEDAÇO?

▼ Qual pedaço completa cada biscoito?

Olhe com atenção as figuras e repare que os biscoitos estão com pedaços faltando.

Recorte os pedaços da página 23, descubra qual deles completa cada biscoito e cole-os nas imagens.

▼ Que detalhes você observou para identificar o pedaço certo?

ILUSTRAÇÕES: BRUNA ISHIHARA

FÁBRICA DE BRINQUEDOS

▼ Você conhece a história de Pinóquio?

▼ Que tal ajudar Gepeto a construir alguns brinquedos?

Você poderá montar até três brinquedos: um aviãozinho, uma casinha e um carrinho.

Recorte as peças da página 25, escolha o brinquedo que preferir e selecione os materiais necessários para montá-lo. Use o tabuleiro ao lado para organizar as construções.

JOANINHA, QUANTAS PINTINHAS!

ILUSTRAÇÕES: LUIZ LENTINI

Algumas espécies de joaninha têm pintinhas nas asas.

▼ Você já viu uma joaninha?

▼ Conseguiu perceber se havia pintinhas nas asas dela?

Observe o tabuleiro com atenção e repare na disposição das pintinhas nas asas de cada joaninha.

▼ Vamos ajudar as joaninhas a encontrar o par delas?

Recorte as peças da página 23, encontre o par de cada joaninha e cole-o no espaço ao lado dela no tabuleiro.

QUEM VEM DEPOIS?

- ▼ Quais formas foram utilizadas em cada sequência? E quais cores aparecem nelas?
- ▼ Qual é a ordem em que cada figura aparece?
- ▼ Vamos descobrir quem vem depois?

Utilize seu **Kit figuras geométricas planas** e complete as sequências colocando nos quadros as figuras que dão continuidade ao padrão inicial.

▶ JOGO DA CONSTRUÇÃO

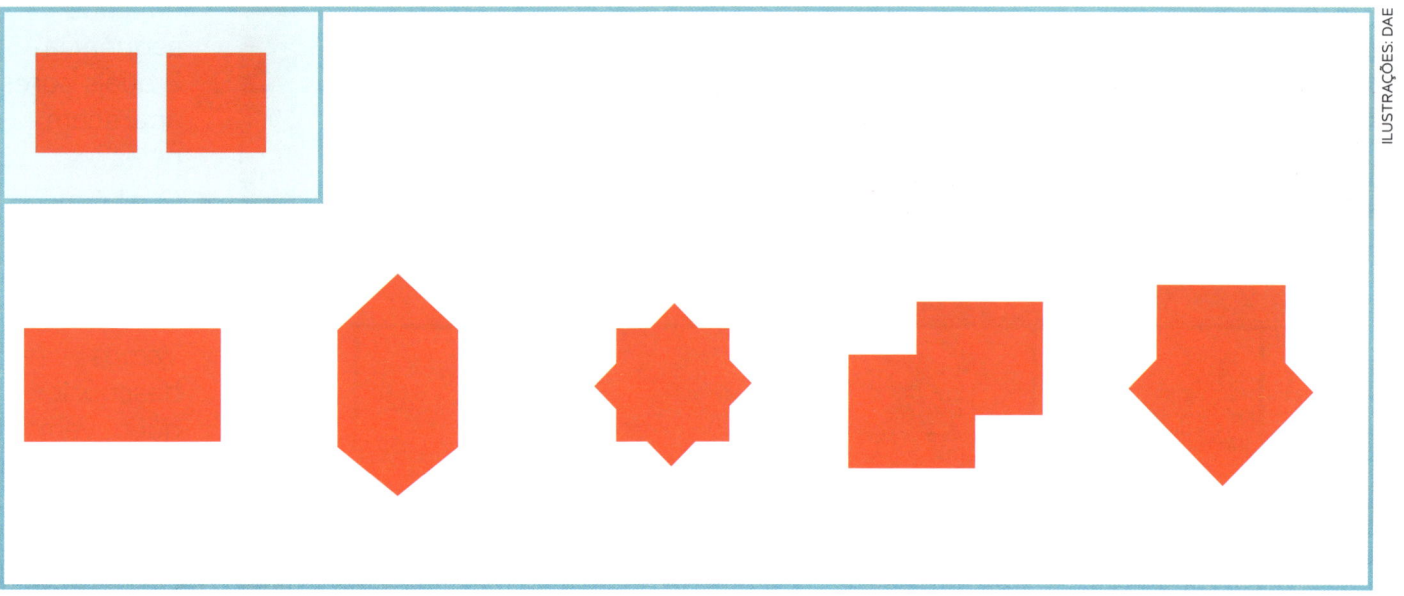

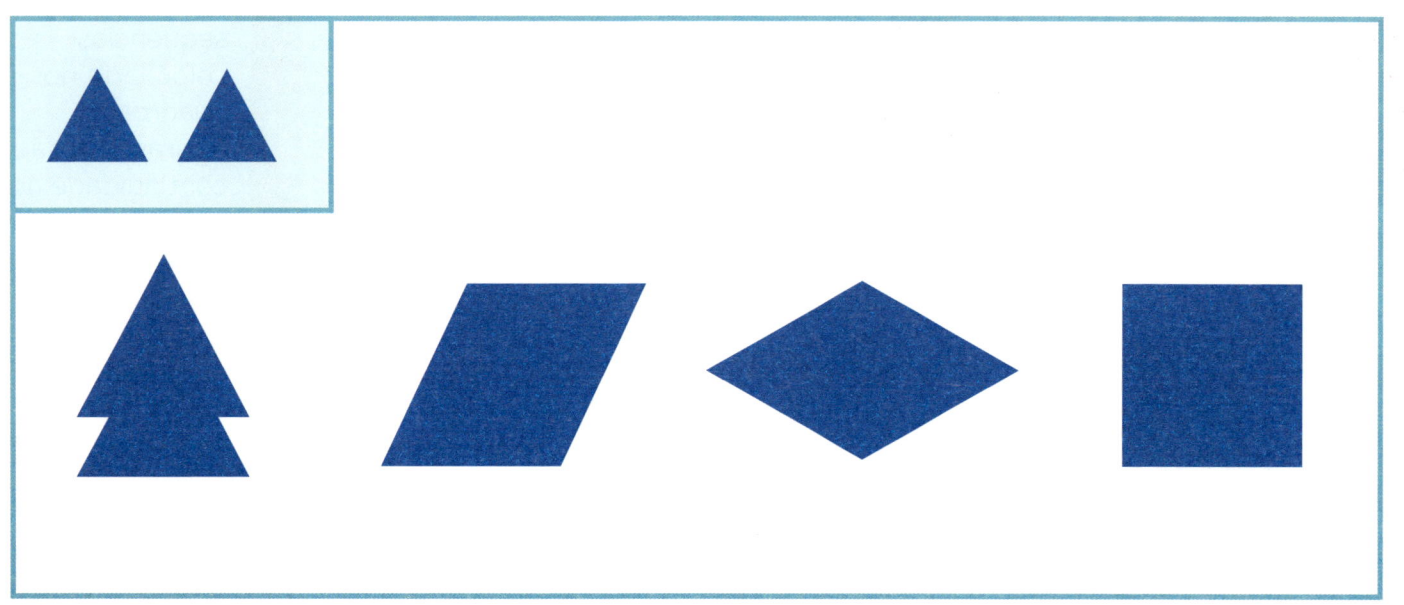

▼ Você já brincou de construir figuras?

Observe as figuras ilustradas ao lado. Elas foram construídas a partir de duas figuras geométricas idênticas.

Mas atenção! Em cada caso, uma delas não é possível de ser construída.

Utilizando dois quadrados e dois triângulos com o mesmo tamanho de seu **Kit figuras geométricas planas**, descubra quais das figuras ao lado não podem ser construídas.

Quando descobrir, marque-as com um **X**.

Dica: use as peças viradas com a face para baixo.

MONTA-MONTA

FRANZ MARC. **BLUE-BLACK FOX** (RAPOSA AZUL E PRETA), 1911. ÓLEO SOBRE TELA, 50 CM × 63 CM. VON DER HEYDT MUSEUM

FRANZ MARC. **THE STEER (THE BULL** – O TOURO), 1911. ÓLEO SOBRE TELA, 1,01 M × 1,35 M. MUSEU SOLOMON R. GUGGENHEIM, NOVA YORK

▼ Você já montou um quebra-cabeça?

Esse jogo requer muita atenção!

Recorte as peças da página 27 para montar dois quebra-cabeças e mãos à obra! Tente montar cada um deles o mais rápido que puder. Use o tabuleiro ao lado para colocar as peças.

CACHINHOS DOURADOS

- ▼ Você conhece a história **Cachinhos Dourados e os três ursos**?
- ▼ O que será que aconteceu nessa história?

Observe as sombras ao lado e acima do tabuleiro: elas representam um urso, uma colher, um banco, uma cama e círculos em três tamanhos. Agora, complete o tabuleiro colando as peças da página 29 de acordo com a combinação das linhas com as colunas.

DANDO CAMBALHOTA

ILUSTRAÇÕES: BRUNA ISHIHARA

- ▼ Você sabe dar cambalhota?
- ▼ Que movimentos você faz ao dar cambalhota?

Observe a sequência de movimentos que a menina fez para dar uma cambalhota e circule a opção que completa a sequência.

- ▼ Como seria se uma vogal desse cambalhota? Que movimentos ela faria?

Observe as letras dando cambalhota e circule a opção que vem na sequência.

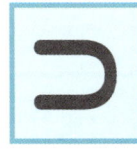

ONDE ESTOU?

▼ Você já brincou de "esconde-esconde"?

No tabuleiro ao lado, os animais também estão brincando de se esconder.

▼ Vamos encontrar cada um deles?

Observe com atenção as posições indicadas e encontre as imagens dos animais que correspondem a cada uma delas. Para isso, recorte as peças da página 31 e cole-as no tabuleiro.

ILUSTRAÇÕES: LUIZ LENTINI

LABIRINTO DE QUEIJOS

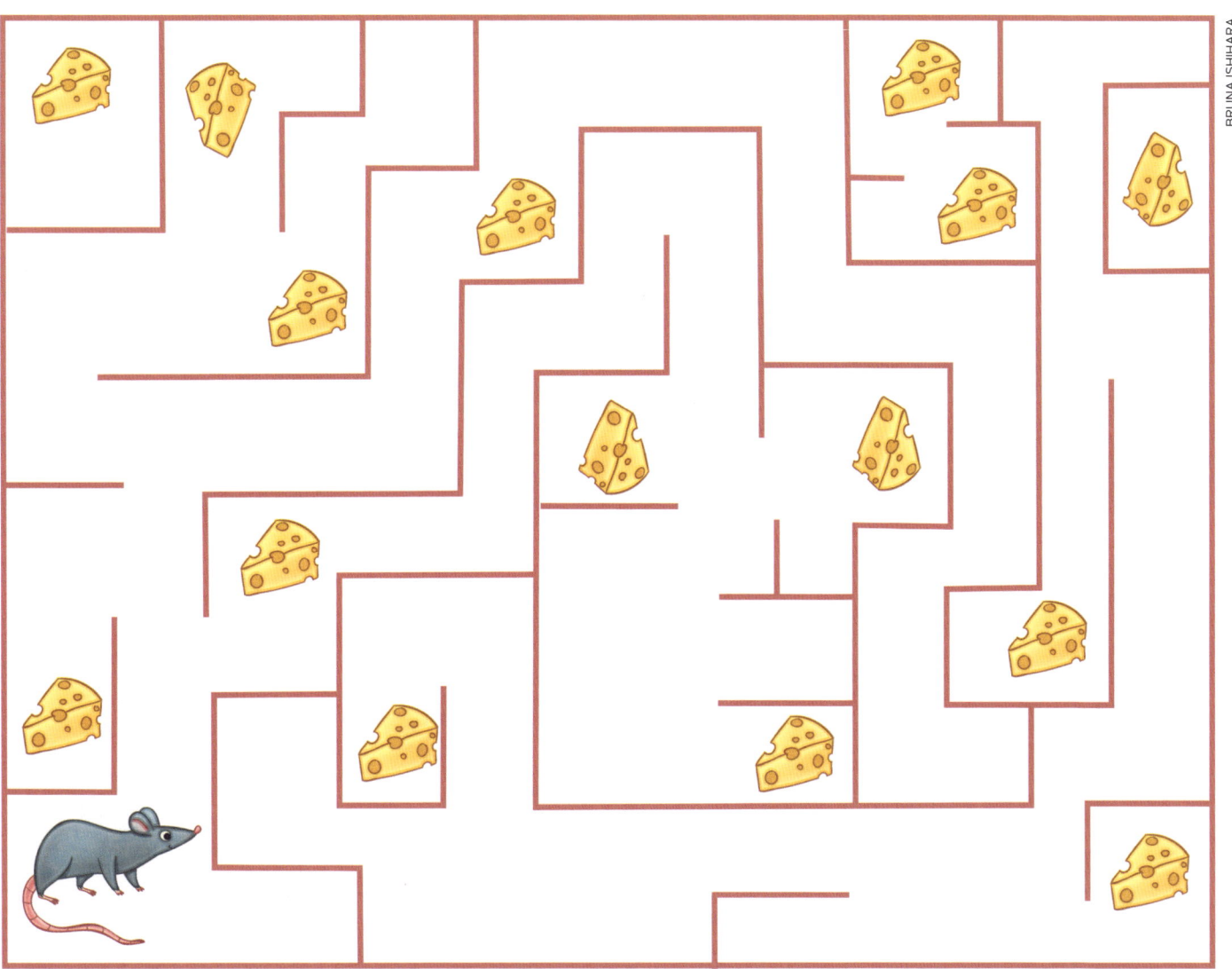

▼ Você já andou em um labirinto?

Observe o labirinto de queijos por onde o ratinho vai andar. Ajude-o a encontrar o maior número de queijos possível.

▼ O ratinho conseguirá pegar todos os queijos?

Com um lápis, leve-o pelo labirinto e circule os queijos que ele pegar.

▼ Quantos queijos o ratinho **não** pegou?

Depois, no labirinto da página seguinte, use 15 círculos de EVA amarelo e 1 círculo de EVA preto para criar novas posições para os queijos e o ratinho.

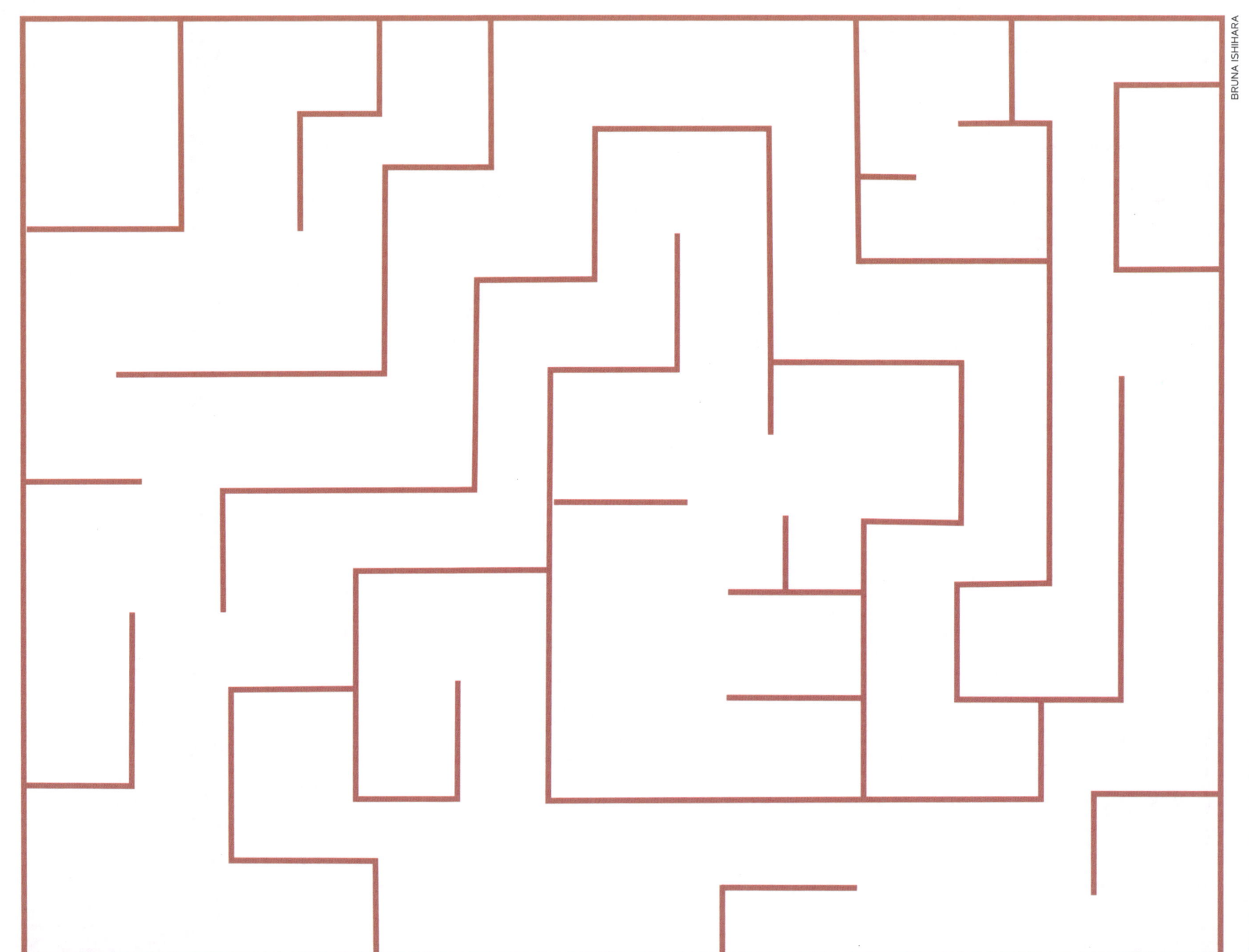

▶ ENCARTES

PÁGINA 4 – PEÇAS DO JOGO "COM QUE ROUPA EU VOU?"

PÁGINA 5 – *KIT* FIGURAS GEOMÉTRICAS PLANAS

PÁGINA 10 – PEÇAS DO JOGO “JOANINHA, QUANTAS PINTINHAS!”

ILUSTRAÇÕES: LUIZ LENTINI

PÁGINA 8 – PEÇAS DO JOGO “QUAL É O PEDAÇO?”

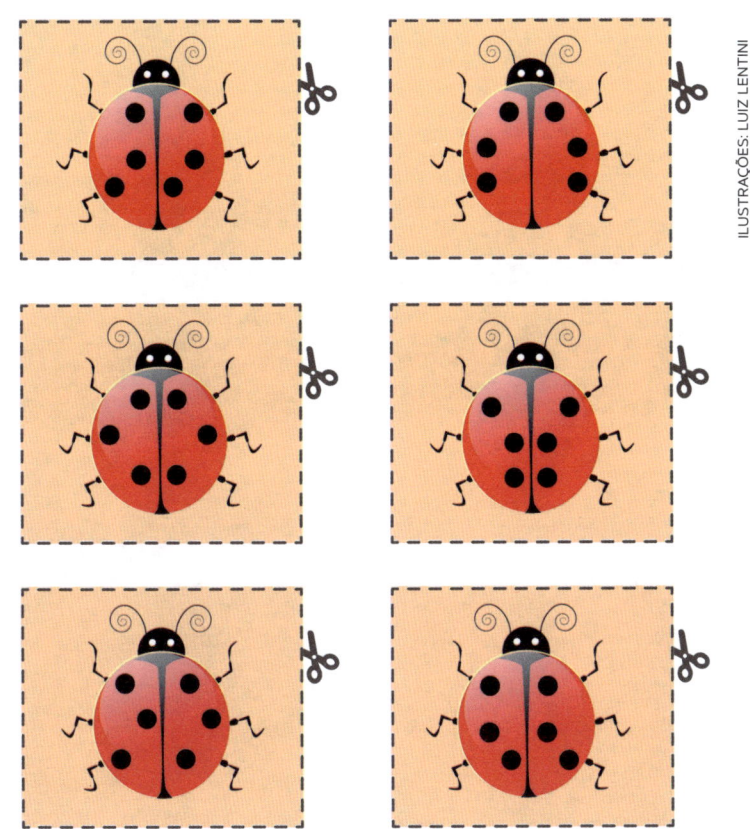

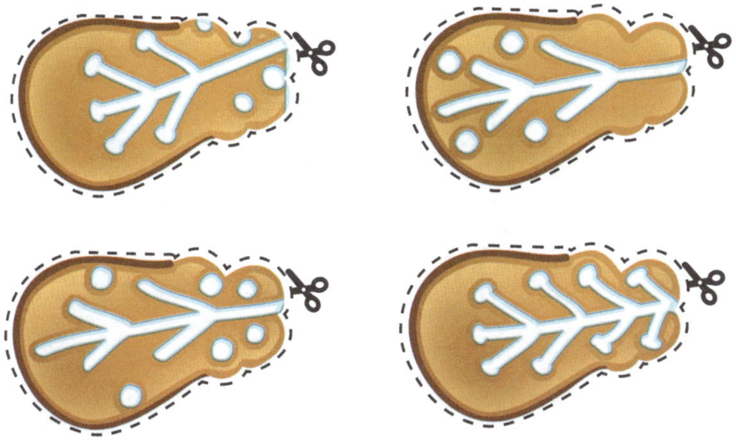

ILUSTRAÇÕES: BRUNA ISHIHARA

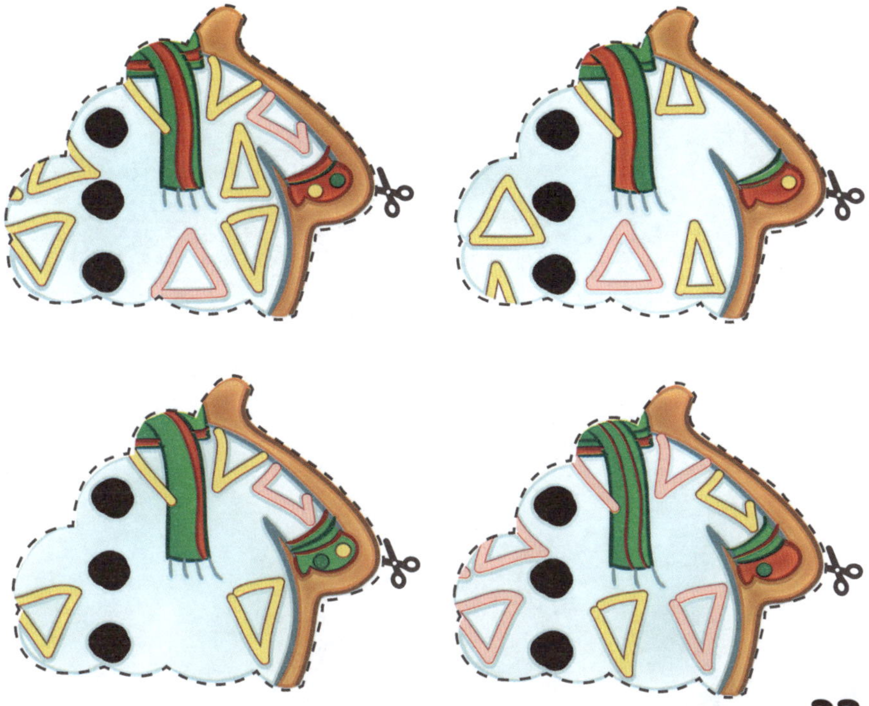

PÁGINA 9 – PEÇAS DO JOGO "FÁBRICA DE BRINQUEDOS"

PÁGINA 13 – PEÇAS DO JOGO "MONTA-MONTA"

PÁGINA 14 – PEÇAS DO JOGO "CACHINHOS DOURADOS"

ILUSTRAÇÕES: LUIZ LENTINI

PÁGINA 16 – PEÇAS DO JOGO "ONDE ESTOU?"